Prime Time Nullachtfünfzehn!
Gedanken zum Qualitätsanspruch der öffentlich-rechtlichen Medien heute.

Ein Essay

Falk Justin Drewitz

Herstellung und Verlag: BoD - Books on Demand, Norderstedt;
1. Auflage 2017
© für dieses Werk:
Falk Justin Drewitz
ISBN: 9783743137882
Umschlaggestaltung: Books on Demand

Die Deutsche Nationalbibliothek verzeichnet diese
Publikation in der Deutschen Nationalbibliografie;
detaillierte bibliographische Daten sind im Internet über
http://dnb.d-nb.de abrufbar.

Sie heißen *Vorstadtweiber*[i] und nicht nur bei diesen kommt die Liebe nicht allein, sondern der *Bergdoktor*[ii] greift beherzt zur Arznei, um seinen meist melodramatisch erkrankten Patienten auf dem Weg der aktiven Genesung behilflich sein zu können, damit diese dann im Anschluss auf dem *Traumschiff*, welches sich hin und wieder auch auf einer *Kreuzfahrt ins Glück* befindet, so mancher Romanfigur aus den 90-minütigen Fernsehdramen einer Rosamunde Pilcher, Katie Fforde oder auch dem ein oder anderen Ermittler-Duo aus dem sonntäglichen *Tatort* über den Weg laufen oder sich in den mehr als seichten und simpel arrangierten Formaten des *ZDF-Herzkinos* jedes Wochenende aufs Neue verlieren können, um sich so durch eine ausschließlich fiktive Realität berauschen zu lassen, damit der Zuschauer die ernsthafte, lebende und nativ sowieso immer ungeschminkte Alltagswelt verdrängen kann.

Um infolgedessen den Eigenanteil, den jede mündige Bürgerin und jeder mündige Bürger eigentlich innerhalb einer Zivilgesellschaft zum sinnhaften Gelingen eines konstruktiven gesellschaftlichen Miteinanders beizutragen hat bei manchen Menschen bis hin zum absoluten Minimum zu reduzieren.

Wer jetzt bis hierhin gelesen hat – und der Fähigkeit des kritischen Denkens mächtig ist – wird verstanden haben, um was es in dieser essayistischen Streitschrift geht, respektive welches grundlegende Thema ihren Kern ausmacht.

Der Autor setzt sich innerhalb dieses Diskurses kritisch (und zum Teil deutlich überspitzt) mit dem intellektuellen Niveau deutschsprachiger TV-Formate auseinander.

Es geht um den Qualitätsanspruch innerhalb der öffentlich-rechtlichen Medien und darum, zu hinterfragen, ob sich in diesem Nexus überhaupt noch wenigstens ansatzweise von einem Bemühen um einen intellektuell anspruchsvoll gestalteten Inhalt sprechen lässt? Oder ob – so die These des Autors – von einer seit Jahren rapide sinkenden Qualität innerhalb der Fernsehfilm-und Serienkonzepte und anderer Unterhaltungsformate auszugehen ist? Fiktionen, die vom Alltag ablenken und die teilweise harte Realität in seichtere Farben tauchen sollen, um sie so für die breite Masse erträglicher werden bzw. erscheinen zu lassen.

Dieses Einfärben in rosafarbene Abstufungen nannte sich im alten Rom noch ganz klassisch Brot und Spiele für das Volk.

Ulrich von Alemann, einer der bekanntesten deutschen Politikwissenschaftler, analysierte diese Entwicklung schon vor einigen Jahren sehr deutlich. Er merkte hierzu kritisch an, es gehe heutzutage zunehmend nicht mehr nur um die reine Nachricht, sondern Meinungsmache, Nachricht und Unterhaltung würden mehr und mehr miteinander verschmolzen[iii].

Bereits vor einigen Jahren hatte der inzwischen verstorbene und honorige Literaturkritiker Marcel Reich-Ranicki, anlässlich des Deutschen Fernsehpreises 2008, die Qualität der meisten Formate scharfzüngig und publikumswirksam während der Gala zur Verleihung der Preise und vor den Kameras der ZDF-Aufzeichnung kritisiert und damit, in den Augen mancher Beteiligter, einen Eklat ausgelöst.

Er hatte nämlich nicht nur die Annahme seiner Auszeichnung verweigert, sondern mit einem umfassenden Rundumschlag scharfzüngiger Kommentare die Veranstaltung in ihrer Qualität an sich kritisiert.

Der Medien- und Literaturwissenschaftler Alexander Kissler wies 2009 – in einem seiner Beiträge zu dieser Debatte – auf einige interessante und äußerst bemerkenswerte Entwicklungen hin, indem er daran erinnerte, dass der Durchschnittsdeutsche bereits im Jahr 2008 rund 208 Minuten vor dem Fernseher verbrachte. Wohlgemerkt nicht insgesamt, sondern täglich.[iv]

Dieser Wert kletterte im Jahr 2013 auf insgesamt 221 Minuten Lebenszeit, die die deutsche Bevölkerung durchschnittlich täglich vor dem Fernseher zubrachte[v] Bereits Kinder und Jugendliche verlebten (durchschnittlich) circa 88 Minuten vor der teilweise eigenen Mattscheibe.

In der Altersgruppe der Zehn-bis Dreizehnjährigen erhöhte sich die Anzahl der täglichen Fernsehkonsum-Minuten auf einen Wert von 113[vi]. Im Jahr 2013 verbrachten die Angehörigen der Altersgruppe 14-49 Jahre im Schnitt 182 Minuten vor einem entsprechenden Empfangsgerät und diejenigen Bundesbürger, die sich bereits jenseits der 50 Jahre + X bewegten, die steigerten diese tägliche Fernsehdauer noch um einige Punkte und landeten bei gut 291 Minuten.[vii]

Die meisten Formate[viii] sind nicht mehr besonders anspruchsvoll, aber das mit dem *Anspruch* ist wohl echt eine Frage der Definition, der Begriffsklärung.

Diese Gesellschaft riskiert, dass einige ihrer Mitglieder quasi zu einer Talkshow-Nation[ix] im Sinne der totalen Television und Unterhaltung mutieren. Neil Postman, Medienwissenschaftler und einer der großen Kritiker der Unterhaltungsindustrie und ihrer Massenmedien, hatte bereits 1985 davor gewarnt bzw. darauf verwiesen, dass zwar die Utopien der Herren Orwell und Huxley nicht eingetreten waren, aber schritt man heutzutage Postmans Überlegungen und Gedankengänge erneut ab, dann zeigte sich, dass Postman schon 1985, also zufällig ein Jahr nach der Gründung des ersten deutschen Privatsenders, vor dem warnte, was heute längst für viele Menschen zum Alltag gehört – die schöne neue Welt, in der wir uns zu Tode amüsieren bzw. dies könnten, wollten wir eben dies.

Postman stellte mit seinem gleichnamigen Buch also die provokante These auf, dass wir uns zu Tode amüsieren und wenn nicht das, dann doch wenigstens selbst betäuben.[x]

Vieles ist eine Frage der Definition.

Gerade auch im Unterhaltungsbereich von Film und Fernsehen. Nur noch selten scheint es im Fernseh-Programm um Qualität zu gehen. Auch das Unterhaltungsangebot der öffentlich-rechtlichen TV-Sender ist heutzutage eher simpel angelegt.

Nachmittags liefern sich sogenannte Star-Köche Duelle im Studio und werden dabei von ihrem Publikum live beklatscht.

Allerdings nur scheinbar live, denn der Großteil des täglichen Unterhaltungsfernsehprograms wird heutzutage aufgezeichnet.

Auf die Köche folgt dann das eine oder andere Boulevardmagazin. Oder sollte man diese Sendungen vielleicht besser als die Yellow Press- Formate des deutschsprachigen nachmittäglichen Fernsehprogramms titulieren? *Brisant, Leute heute* und *hallo Deutschland* berichten oftmals durchaus reißerisch von irgendwelchen Promipartys, aus den europäischen Adelshäusern, begleiten die sogenannten Stars beim Einkaufsbummel und informieren auch über den einen oder anderen vermeintlich spektakulären Verkehrsunfall eines verantwortungslosen Rasers.

Mit dieser Mischung bedienen diese Boulevardmagazine den Skandalhunger, den Klatsch und Tratsch und teilweise auch den Voyeurismus ihres Publikums.

Im Vorabendprogramm wechseln sich danach wochentags Spielshows, Quizsendungen und die ewig gleichen Serien ab, die auf dem deutschsprachigen Markt oftmals ein und demselben Muster folgen.

Mal sind es kitschige Arztserien oder aber Kriminalgeschichten, die auf circa 48 Minuten pro Folge angelegt sind und noch von einem Werbeblock unterbrochen werden, damit es bis zur Tagesschau nicht zu eintönig wird. Jenseits der 20:15 Uhr folgen dann Spielfilme, Quizsendungen, Haushaltsratgeber sowie an manchen Tagen auch Gesprächsrunden zu populärwissenschaftlich aufbereiteten Themen aus der Alltagspolitik, die meistens in 60 Minuten so arg eingedampft und simplifiziert dargestellt werden, dass es das Studiopublikum und der Standard-Zuschauer, welcher auf dem heimischen Sofa sitzt, einigermaßen verfolgen können.

Allerdings haben auch diese wöchentlichen Politrunden nicht wirklich das, was man als inhaltliche Tiefe bezeichnen könnte.

1984 war der erste deutsche Privatsender (SAT 1) gegründet worden[xi] und wurde (ähnlich wie RTL und Pro 7) zum Anbieter von Low-Cost-Entertainment. Sein Auftrag?

Der damals neue Sender sollte die unteren (und eher bildungsfernen) Schichten der Gesellschaft[xii] unterhalten[xiii].

Das war okay gewesen, aber die angesprochenen Sender bekommen jetzt (nach gut 30 Jahren und in zunehmendem Maße) Konkurrenz durch die öffentlich-rechtlichen Anstalten auf dem Fernsehmarkt[xiv] und das ist durchaus zu kritisieren, denn der Auftrag der öffentlich-rechtlichen Fernsehsender sollte eigentlich in der qualitativ guten und unabhängigen Informationsvermittlung für die Öffentlichkeit und nicht in der Verblödung der Massen bestehen, aber auch in diesem Nexus scheinen sich Realität beziehungsweise Ist-Zustand auf der einen und Hoffnung auf qualitativ hochwertigen Inhalt auf der anderen Seite manchmal arg voneinander zu unterscheiden.

Die fiktionalen Stoffe ähneln seit Jahren denen der Vorjahre. Es sind immer wieder die gleichen Serien, Fernsehschauspieler, TV-Shows und Krimi- Reihen, die dem Fernsehpublikum vorgesetzt werden und es so fast schon routinemäßig unterhalten sollen.

Oftmals werden ganze Staffeln mancher Serien auch wiederholt, um die Wartezeit auf neue Folgen schwinden zu lassen.

Einige Spielfilme laufen alle Jahre wieder über das Jahr hinweg verteilt. Nur, stellt sich die Frage, was an diesen immer gleichen fiktionalen Realitäten so begeisternd sein soll, dass beispielsweise die öffentlich-rechtlichen Programmmacher des ZDF pro Jahr rund 100-110 Spielfilme für ihr Fernsehangebot produzieren lassen?

Pro 90-minütigem Fernsehspielfilm werden locker bis zu 1,5 Millionen Euro ausgegeben[xv], um der Zuschauerin oder dem Zuschauer erdachten Mord und Totschlag, Terror, Beziehungskrisen und so manche laienhaft vorhersehbar wirkende Familienkomödie als Unterhaltungsprogramm zu präsentieren. Kriminalfilme gibt es im ZDF so einige.

Zum Beispiel *Der Kriminalist, Ein starkes Team* oder auch *Der Alte* lösen sich – routinemäßig – über das Jahr verteilt ab. Fast jeder Samstagabend ist, wenn er nicht beispielsweise einer TV-Show für die ganze Familie vorbehalten ist, für Kriminalspielfilme reserviert. Der entsprechende Plot ist schnell erklärt, denn das jeweilige Ermittler-Team wird gerufen, sobald es ein Verbrechen aufzuklären und nicht selten brutal inszenierte Leichen oder Tatorte zu untersuchen gilt.

In der letzten halben Stunde eines solchen Films kommt meistens noch ein wenig Action in die Handlung hinein, dann wird geballert und zum Schluss gibt es einen oder mehrere Täter und ihre entsprechenden Opfer. Ganz simpel. Ganz banal und ab 21:45 schließt sich dann in der Regel die Nachrichtensendung mit dem an, was in der echten Realität des Tages geschah.

Worin – so kann man sich manchmal durchaus fragen – besteht denn bitte die Faszination an fiktionalen Morden, Überfällen, Terroranschlägen und gespielten psychischen menschlichen Abgründen?

Die Kriminalfilmreihe *Tatort* begeistert seit über 30 Jahren fast jeden Sonntag Millionen Zuschauer. 1.000 Kriminalfälle wurden seither im fiktionalen *Tatort* begangen und meistens geklärt, wenn dies so im Drehbuch stand.

Der Kriminalfilm (nicht nur der *Tatort*) ist seit Jahrzehnten also fester Bestandteil der fiktionalen Unterhaltungslandschaft von ARD und ZDF und ihren privaten Konkurrenten. Was ist so spannend an Mord und Totschlag, Verbrechen, Straftaten, Brutalität und Gewalt und warum faszinieren solche Fiktionen Menschen so sehr, dass fortlaufend Kriminalgeschichten erdacht, aufgeschrieben und fürs Fernsehen inszeniert werden?

Sollten Sie es wollen, dann könnten Sie mehrmals pro Woche gleich mehrere TV-Krimis, aber auch Arzt-und Familienserien konsumieren. Für TV- Serien legen die Unterhaltungsmacher des ZDF beispielsweise circa 407.000 € für 45 Filmminuten (also eine Folge) auf den Tisch. Eine Serienstaffel umfasst in der Regel 12-18 Folgen. Wobei neuerdings auch gern Miniserien produziert werden, die dann auch mal nur 6 Folgen umfassen.

Um 18:50 Uhr startet das Vorabendprogramm in der ARD und zwischen 19:25 Uhr und 20:15 Uhr wechseln sich im ZDF wochentags Krankenhausserien, Krimis respektive eine Kombination aus beiden Genres ab. Der Sonntagabend bleibt ab 20:15 Uhr meist dem *ZDF Herzkino* vorbehalten und ab 22:00 Uhr folgen nochmals 90 Minuten gebührenfinanzierte und fürs deutsche Fernsehen synchronisierte Kriminalgeschichten aus Oxford oder anderen Ecken Großbritanniens, die pro Film bis zu 3 Opfer oder Leichen versprechen.

Verderben, Brutalität, Tod, Hass und menschliche Abgründe sind seit Jahren Teil der deutschsprachigen Unterhaltungskultur im Fernsehen.

Auch skandinavische Krimis werden fürs deutschsprachige gebührenfinanzierte Fernsehen aufbereitet, Romanvorlagen verfilmt und durch Koproduktionen realisiert.

Das Faszinosum facettenreicher menschlicher Gewalt, die fiktional für Fernsehzuschauerinnen und Zuschauer inszeniert wird, weil es für manche Leute einfach perfiden Nervenkitzel darstellt, wenn sie sich in sicherem Abstand – also vom heimischen Sofa aus – regelmäßig ihre schaudernde Dosis abholen und zugleich sicher sein können, dass es sich ja nur um Fantasie, Zeitvertreib und Unterhaltung handelt, die da Abend für Abend über den Bildschirm flimmern, scheint zum Standard geworden zu sein. Nullachtfünfzehn- Inhalt, den ZDF und ARD seit Jahren beibehalten und keinesfalls selbst infrage zu stellen scheinen.

Auch der Essayist Christian Schüle findet diese Entwicklung bedenklich und sprach in einem seiner Beiträge für den Deutschlandfunk 2016 davon, dass die Fernsehkultur in Deutschland eine – Zitat – Todeskultur sei, denn im deutschsprachigen Fernsehen werde quasi am laufenden Meter fiktional „gemordet, getötet, gemetzelt und gestorben", so bringt es der Radiomacher Schüle prägnant auf den Punkt.[xvi]

Allerdings auch jenseits des Krimis lassen sich im täglichen Fernsehprogramm Beispiele für die sinkende Qualität finden, die größtenteils, wenn wir ARD und ZDF in den Fokus nehmen, mittels des Rundfunkbeitrages finanziert wird.

Für das Jahr 2014 konnte eine Summe von 8.324.263.772,69 Euro als Gesamtertrag aus den Rundfunkbeitragsgebühren ermittelt werden[xvii]. Angesichts dieser Größenordnung kann man sich durchaus auch fragen, warum die öffentlich-rechtlichen Fernsehsender lediglich jenseits der 20:15 Uhr auf Einnahmen aus Werbespots verzichten und ganz abgesehen davon seltener wirklich anspruchsvolle Filme, Serien und andere Formate finanzieren respektive durch ihre Programmmacher realisieren lassen.

Welchen Auftrag haben die öffentlich-rechtlichen Rundfunkanstalten in der Bundesrepublik Deutschland? Hierzu formuliert der gegenwärtig gültige Rundfunkstaatsvertrag unter Paragraf 11 folgende Maßgaben:

„[…] Auftrag der öffentlich-rechtlichen Rundfunkanstalten ist, durch die Herstellung und Verbreitung ihrer Angebote als Medium und Faktor des Prozesses freier individueller und öffentlicher Meinungsbildung zu wirken und dadurch die demokratischen, sozialen und kulturellen Bedürfnisse der Gesellschaft zu erfüllen. Die öffentlich-rechtlichen Rundfunkanstalten haben in ihren Angeboten einen umfassenden Überblick über das internationale, europäische, nationale und regionale Geschehen in allen wesentlichen Lebensbereichen zu geben. […]" (Staatsvertrag für Rundfunk und Telemedien (Rundfunkstaatsvertrag - RStV) 2016: 20)[xviii].

Liest man also im Staatsvertrag nach, so steht dort nichts von einem Auftrag, der sich mit dem Schlagwort Bürgerverblödung beschreiben ließe, sondern der Kern des Auftrags besteht vielmehr darin, „die demokratischen, sozialen und kulturellen Bedürfnisse der Gesellschaft zu erfüllen" (RStV 2016:20) und genau dies ist innerhalb eines demokratischen aufgeklärten Staates auch überaus wichtig, wünschenswert und gut, aber zumindest die kulturellen Bedürfnisse dürften bei manchen Bürgerinnen und Bürgern nicht dem Unterhaltungsprogramm der öffentlich-rechtlichen Fernsehsender entsprechen respektive mit ihm konform gehen. Innerhalb der modernen Gesellschaft wandelt sich auch die Art und Weise der Mediennutzung.

Immer mehr Angebote stehen nicht mehr nur dem klassischen Fernsehzuschauer zur Verfügung, sondern werden auch in das online verfügbare Angebot der Sendeanstalten übernommen, damit sich die Zuschauerinnen und Zuschauer ihr personalisiertes Programm jederzeit selbst zusammenstellen können. On Demand-Lösungen finden sich inzwischen also auch bei den klassischen öffentlich-rechtlichen TV- Kanälen, die eben dadurch zu erreichen suchen, dass sie auch im Onlinezeitalter mithalten können.

Als gutes Beispiel hierfür kann ein Versuch namens *funk* gesehen werden, denn *funk* ist zwar öffentlich-rechtlich, will dies aber eigentlich gar nicht sein beziehungsweise nicht so auf seine Nutzerinnen und Nutzer wirken.[xix]

Die öffentlich-rechtlich finanzierten Köpfe, die hinter dem neuen Angebot stehen, unternehmen den Versuch, Jugendliche und junge Erwachsene, deren digitale Heimat heutzutage eher bei YouTube, Instagram[xx] und Co. zu finden ist, für öffentlich-rechtlich gemachte Inhalte zu begeistern, aber ob dieser Versuch, der 2016 seinen Startschuss erhielt und ausschließlich online verfügbar ist, den erhofften Erfolg bringen wird, dies ist noch lang nicht ausgemacht.

Dieser neue öffentlich-rechtliche Inhalt soll modern, jung und innovativ wirken und die Verantwortlichen betonen, dass hinter alledem der Bildungsauftrag nicht zu kurz kommen solle.

Die Nutzerinnen und Nutzer, denen dieses neue Netzwerk quasi auf den Leib geschneidert wurde, gehören der Zielgruppe der 14- bis 29-Jährigen an, die sich das Angebot selbstverständlich auch via passender App aufs eigene Smartphone transformieren können, so sie es denn möchten. Diesem neuen Konzept steht ein jährliches Budget in Höhe von rund 45.000.000 Euro zur Verfügung, das aus einem Teil der Rundfunkgebühren gespeist wird. Ein ziemlich teures Experiment und auf jeden Fall ein Nischenprodukt. Brauchen wir so etwas im Angebotsspektrum der öffentlich-rechtlichen Rundfunk- und Medienanbieter?

Auch über diese Frage könnte man durchaus divergierender Meinung sein. Vielleicht ist es durchaus provokant, wenn der Autor dieser kleinen Streitschrift – in diesem Kontext – die Sinnfrage stellt, aber sie muss gestellt werden, da das gesamtgesellschaftliche Wir – also jede Bürgerin und jeder Bürger unseres bundesrepublikanischen Gemeinwesens – entscheiden muss, ob es das Angebot der öffentlich-rechtlich finanzierten Fiktionen und Unterhaltungsprogramme braucht.

Lohnt sich der Konsum von fiktionaler Film - und Fernsehunterhaltung tatsächlich? Diese Entscheidung bleibt eine ureigene Abwägung eines jeden Menschen in unserem Staate und das ist gut so!

Wird der alltägliche Medienkonsum zum alleinigen Freizeitspaß, richte ich meinen Tagesablauf (soweit dies unter den Bedingungen des jeweiligen Alltags möglich ist) am Fernsehprogramm aus? Trifft sich die Familie zum abendlichen Essen vor dem Fernseher und nur noch dort?

Oder treffe ich mich fast jeden Sonntag mit meinen Kollegen in meiner Stammkneipe, um gemeinsam *Tatort* zu schauen? All diese Möglichkeiten gibt es und noch mehr Handlungsalternativen sind mach- und denkbar. Reichte es nicht, die öffentlich-rechtlichen Kanäle stellten mehrheitlich Informations- und Nachrichtensendungen zur Verfügung? Begnügten sich also mit der Ausstrahlung ihrer qualitativ hochwertigen Nachrichtensendungen, Dokumentationen, Reportagen und Berichten aus der Realität.

Dies würde ausgezeichnet reichen, um dem Schlagwort *Bildungsauftrag* zu genügen. Welchen kulturellen Anspruch haben kitschige Seifenopern, melodramatische Familienfilme und Vorabendserien?

Wie passen die meisten dieser Formate zum vorgeschriebenen Bildungsauftrag, dem die Sender – so sie denn öffentlich-rechtlich finanziert sind – doch eigentlich nachkommen sollen?

Brauchen wir das Angebot der Fernsehsender, um unsere Freizeit gestalten zu können?

Auch diese Frage lässt sich ausschließlich höchst individuell beantworten. Gar nicht personalisiert ist hingegen die Frage zu klären, ob man seine Rundfunkgebühren zahlt, denn diese Entscheidung wird einem regelmäßig abgenommen, da jeder bundesdeutsche Haushalt[xxi] die Rundfunkgebühren entrichten muss. Der Rundfunkbeitrag müsste eigentlich Rundfunksteuer heißen, aber wahrscheinlich trüge dies dazu bei, die Anzahl der Steuerhinterzieher deutlich in die Höhe zu treiben.

Also bleibt es beim Rundfunkbeitrag und auch dieser wird von vielen Bürgerinnen und Bürgern nur recht widerwillig beglichen.

Ob dies gut ist, soll hier nicht bewertet, aber dennoch angesprochen werden. Die eher kulturell und intellektuell anspruchsvolleren Sendungen bleiben meist den Spartenkanälen der öffentlich-rechtlichen Gemeinschaftsproduktionen vorbehalten. Arte, 3sat und phoenix sind zwar nur die gemeinschaftlich betriebenen Spartenkanäle der öffentlich-rechtlichen Rundfunk-und Fernsehmacher, aber diese drei Sender bieten interessante, intellektuell ansprechende, teilweise kulturell wertvolle Inhalte, die nicht unbedingt für die breite Masse gemacht sind. Und das ist gut so.

Vielleicht sollte darüber nachgedacht werden, ob sich ein Tausch lohnen könnte.

ZDF und ARD verbannen die Formate ihres Unterhaltungsprogramms auf entsprechende Sendeplätze der Spartenkanäle und die Formate und Sendungen der Spartenkanäle wechseln ins tägliche Hauptprogramm der öffentlich-rechtlichen Rundfunkanstalten. Der Großteil der Unterhaltungsformate erscheint dem Autor – dies dürfte inzwischen deutlich geworden sein – als zu langweilig, vorhersehbar, teilweise naiv, jeglicher Qualität beraubt und erschreckend einfach arrangiert.

Brauchen wir Spielfilme, Quizsendungen, Seifenopern und Kochsendungen bei ARD und ZDF, die einem die Zeit vertreiben? Auch hier lässt sich keine Standard- Antwort formulieren. Der Grund dürfte klar sein. Jeder Mensch verbringt seine Freizeit unterschiedlich gestaltet und individuell auf seine kulturellen, intellektuellen sowie sozialen und emotionalen Bedürfnisse zugeschnitten. Das ist gut und gehört sich so.

Fiktionen gibt es heutzutage etliche. Für jede Vorliebe ist etwas dabei. Sie sind per se kein Übel, aber der Inhalt mancher Fiktionen kann sehr wohl mehr als übel sein. Wir leben glücklicherweise nicht in der Dystopie des Romans Fahrenheit 451.

Deswegen sind wir nicht allein auf das Unterhaltungsrepertoire der öffentlich-rechtlichen Medienproduzenten angewiesen, um unsere Freizeit gestalten zu können. Die jeweilige Entscheidung ist Geschmackssache. Minimiert es nicht die eigene Kreativität und Fantasie, wenn man sich Tag für Tag, Woche für Woche ein und dieselben Serien, Spiel- und Rateshows vorsetzen lässt? Man könnte – so eine weitere Überzeugung des Autors – durchaus auch davon sprechen, dass ein übersteigerter Konsum von Fernsehunterhaltung die eigene Fantasie eines Menschen nicht nur schlicht minimiert, sondern sie sogar gänzlich ausradiert und infolge dessen so manche kreativen Potentiale vernichtet.

Die Prime Time bezeichnet die beste Sendezeit für Inhalte im Hauptprogramm von Fernsehsendern. Läuft zur besten Sendezeit also auch wirklich nur das Beste? Seien wir ehrlich, dies ist nicht immer der Fall. Sicher, auch dieser Aspekt ist und bleibt strittig, da eine Frage des Betrachters respektive Fernsehzuschauers, aber braucht unsere gegenwärtige Gesellschaft wirklich die Inhalte des Unterhaltungsprogramms der öffentlich-rechtlichen Medien?

Oder ist unsere Gesellschaft mitunter sogar auf diese Art und Weise der Unterhaltungsprogramme angewiesen?

Lassen Sie uns das nicht hoffen. Klar, Qualität ist Geschmackssache und Ansprüche sind verschieden, dennoch galt es diese Zeilen zu schreiben, um mit dieser Medienkritik dem entsprechenden Diskurs neue Nahrung zu geben, denn inklusive, demokratische und pluralistische Debatten sowie Gespräche werden immer wichtig bleiben. Auch gern zur Prime Time, die – zumindest für den Autor – dann zur Qualitätszeit wird, wenn er vor und nach der *Tagesschau* sein Empfangsgerät abschaltet.

Endnoten und Bibliografie

[i] So der Titel einer relativ neuen Fernsehserie, die seit 2016 in ihrer 2. Staffel dienstags zur besten Sendezeit – also um 20:15 Uhr – auf der ARD beziehungsweise im Ersten zu sehen ist.
[ii] Ein Herzschmerzformat des Zweiten Deutschen Fernsehens.
[iii] Vgl. hierzu von Alemann 1997: Parteien und Medien, S.478.
[iv] Kissler, Alexander (2009): Dummgeglotzt, S. 10-11
[v] Für die Werte vgl. Statistisches Bundesamt, Statistisches Jahrbuch 2014, S. 205
[vi] Vgl. Kissler, Alexander (2009): Dummgeglotzt, S. 13
[vii] Für die entsprechenden Werte vgl. Statistisches Bundesamt, Statistisches Jahrbuch 2014, S. 205
[viii] Fachausdruck für die verschiedenen Typen von Sendungen: z.B. Quizshow, Talkshow, Daily Soap, TV-Romanze, Weekly, Doku-Soap, Koch-Show, aber auch Dokumentation, Reportagen, Nachrichten.
[ix] Auch die Musikgruppe *Wir sind Helden* spricht in ihrem Song *Guten Tag* von einer *Talkshownation*. Empfehlenswert.
[x] Vgl. hierzu Neil Postman (1985): Wir amüsieren uns zu Tode
Urteilsbildung im Zeitalter der Unterhaltungsindustrie; S. Fischer
[xi] Vgl. Chronologie: Vom ersten Privatsender zum größten deutschen TV-Konzern, unter http://www.ftd.de/technik/medien_internet/17236.html (Zugriff am 31.10.2008)

[xii] nicht nur in Deutschland
[xiii] Manch Kritiker könnte auch sagen *ruhigstellen*
[xiv] Also Das Erste, ZDF und die weiteren Programme der öffentlich-rechtlichen Programm-Macher.
[xv] Nähere Informationen hierzu finden sich auf den entsprechenden Internetseiten des Zweiten Deutschen Fernsehens unter:

https://www.zdf.de/zdfunternehmen/zdf-programmprofile-und-kosten-genre-filme-100.html (letzter Zugriff erfolgte am 2. Dezember 2016).

[xvi] Vgl. hierzu die Abschrift des Radio-Essays, welches der Publizist Christian Schüle 2016 unter dem Titel „Über Mord und Tod im Fernsehen. All die schönen Toten" für das Programm des Deutschlandfunks beisteuerte und welches am 25.9.2016 ausgestrahlt wurde. Der Beitrag ist unter http://www.deutschlandfunk.de/ueber-mord-und-tod-im-fernsehen-all-die-schoenen-toten.1184.de.html?dram:article_id=364111 abrufbar (Zugriff erfolgte am 26.9.2016).

[xvii] Vgl. hierzu den Geschäftsbericht 2014 des Beitragsservice von ARD, ZDF und Deutschlandfunk auf Seite 42ff.

[xviii] Online verfügbar unter: http://www.die-medienanstalten.de/fileadmin/Download/Rechtsgrundlagen/Gesetze_aktuell/19_RfAendStV_medienanstalten_Layout_final.pdf (Zugriff erfolgte am 20.11.2016).

[xix] Was steckt hinter diesem neuen Angebot, welches keinesfalls klassisch und verstaubt wirken möchte? Weitere Infos dazu: https://www.funk.net/funk (letzter Zugriff erfolgte am 9. Dezember 2016).

[xx] Auch SPIEGEL ONLINE thematisiert die zunehmende Popularität der Fotoplattform Instagram vgl. Instagram (letzter Zugriff erfolgte am 2. Dezember 2016). Der FOCUS erklärt seinen Leserinnen und Lesern Instagram folgendermaßen: http://www.focus.de/thema/instagram/ (letzter Zugriff erfolgte am 2. Dezember 2016).

[xxi] Sonderregelungen gelten hier nur für diejenigen Mitbürgerinnen und Mitbürger, die aufgrund von Härtefallregelungen, von der Beitragspflicht befreit sind.